A PROPOS DE LA GUERRE

PARIS

IMPRIMERIE BALITOUT, QUESTROY ET Cᵉ,
7, rue Baillif et rue de Valois, 18

A PROPOS DE LA GUERRE

PAR

M. LOUIS VEUILLOT

PARIS

PALME, ÉDITEUR DES *BOLLANDISTES*

RUE DE GRENELLE-SAINT-GERMAIN, 25

1866

A PROPOS DE LA GUERRE

I

Ce qui se passe aujourd'hui dément assez rudement une grande prétention de la civilisation moderne. On a tant dit que les peuples sont libres, maîtres d'eux-mêmes, assurés de ne plus faire ce qu'ils ne veulent pas ! Et les voici à la veille d'une guerre grave, qu'ils souhaiteraient fort de ne point voir entamer. Le vétéran prussien se fait ramener à sa caserne la baïonnette au dos ; le volontaire italien chante dans la rue, mais il pleure à la maison : ce sont ceux qui cherchent querelle. Les Autrichiens ont du moins la colère d'être attaqués iniquement ; pourtant ils ne désirent encore que la paix. En France, où l'on présume qu'il faudra prendre parti pour les agresseurs, le vœu unanime est qu'ils essuient d'abord une défaite signalée. S'il y avait espoir de pouvoir garder la neutralité, rien ne ferait plus de plaisir qu'une visite des Autrichiens à Berlin, à Turin et à Florence. On ne leur demanderait pas d'y mettre du temps ; le plus tôt serait le meilleur. Qui ne leur saurait gré infiniment de réduire le fameux M. de Bismark à écrire ses mémoires ?

Cependant comme on s'attend à toute autre chose qu'à la neutralité, la tribune prie, la Bourse proteste, l'opinion s'afflige; mais cela n'y fait rien, et la conviction est générale et profonde que cela n'y fera rien. Une tristesse découragée s'empare des âmes; elle n'y laisse debout que la résolution de tomber avec acharnement sur l'adversaire désigné, et de tuer le plus possible de ces ennemis que l'on ne hait pas, au profit de ces alliés que l'on aime encore moins. O peuples affranchis des anciens servages et devenus possesseurs de leur sang !

Des voix s'élèvent pour consoler la terre. Ce sont les grandes voix de la grande diplomatie. La diplomatie est le refuge de la raison, du droit et de tous les sentiments humains. La diplomatie est forte et se vante de pouvoir tout arranger; en même temps, elle est sereine et ne doute pas que tout ne soit pour le mieux, même quand elle n'arrangerait rien. Elle s'interpose pour la paix, elle met en avant l'idée d'un congrès. L'idée enchante tout le monde. Ce serait si beau de pouvoir empêcher l'effusion du sang ! Il se trouve pourtant que le congrès ne peut avoir lieu. On l'avait assez prévu. La diplomatie ne se rebute pas et propose une conférence. On va donc conférer. Seulement la diplomatie se croirait coupable de violenter les « légitimes aspirations » des peuples qui sont déclarés vouloir faire la guerre, et chacun de ceux qui confèrent prend soin de retirer d'abord du tapis la question qui l'intéresse. Tout le monde veut bien s'occuper des affaires des autres, personne ne veut que les autres s'occupent de ses affaires. La Prusse réserve les Duchés, l'Autriche réserve la Vénétie, l'Italie n'entend point qu'on lui parle de rendre quelque chose au Pape, ni de renoncer à Rome, ni de ne point prendre Venise. Que peut-on opposer à ces réserves de dignité, ou à ces « aspirations légitimes ? » Que peut-on dire surtout à l'Italie ? N'est-il pas juste que l'Italie se complète ? Si elle prétendait ressaisir Malte, la Corse et Nice, ce serait téméraire et d'une ingratitude prématurée ; mais Venise, mais Rome n'appartiennent-elles pas à l'Italie de Turin aussi légitimement que Florence, Bologne et Naples ? La Russie, l'Angleterre, la France, sont trop amies des principes, trop protectrices des nationalités pour résister aux vœux de l'Italie ; et le soin de leur gloire ne leur permet pas de supporter même une allusion à ce qu'elles font elles-mêmes contre les théories qui leur plaît de protéger. La Pologne est très-bien en Russie, *Malte* et *Gibraltar* sont très-bien en Angleterre, *Nizza* est très-bien en France, et il y aurait impertinence à penser qu'*Anvers* et *Köln* n'y pourront pas être un jour très-bien aussi. Néanmoins que Venise reste à l'Autriche quand il y a quelque moyen de la lui prendre, et que Rome soit toujours un État à part dans le monde, c'est ce que la diplomatie ne saurait exiger. Et si l'on parle des traités, ils sont caducs.

Ainsi la conférence, un peu tardivement organisée, vraisemblablement n'aboutira pas, et ne fera que donner du temps pour perfectionner l'outillage de guerre. Il est probable que l'Italie et la Prusse en ont besoin. Ces vétérans prussiens qui pleurent leurs boutiques fermées, et ces enragés volontaires italiens, qui s'engagent de préférence sous les drapeaux de Garibaldi parce qu'ils espèrent surtout un licenciement prompt, n'ont pu devenir tout de suite des soldats.

On fera donc la guerre ; nulle autre solution ne paraît possible. C'est ce que la diplomatie ne manquera pas de démontrer ; c'est la consolation qu'elle saura donner à ceux qui vont mourir.

Du reste, beaucoup d'hommes sont à douter qu'une autre solution doive être désirée. Je parle des plus modérés, des plus sages, des plus ennemis de cette brutalité de la guerre, de ceux que menacent le plus ses coups furieux et impies.

Ils disent les premiers que la guerre n'est pas une solution, qu'elle n'est qu'une aventure formidable, dont le résultat prochain, quel qu'il soit, ne peut se rencontrer heureux.

Mais d'un autre côté la situation est si pleine de ténèbres et d'angoisses, elle est si basse, si favorable à l'hypocrisie et à toutes ses iniquités et à toutes les attentes des ambitions scélérates, elle doit si manifestement aboutir à une catastrophe, que la plus grande souffrance et peut-être le plus grand péril serait de la voir prolonger. L'effet de cette situation est une déperdition sans cesse accélérée de la force morale. Ce que le monde a perdu en moralité depuis quelques années dépasse tout calcul. S'il y a un capital d'honneur, de fierté, de conscience publique, de sentiment du droit, de discernement du bien et du mal, comme il y a un capital en argent, il s'épuise; l'on peut dire qu'à cet égard les nations chrétiennes en sont aux *assignats,* et que bientôt la banqueroute sera officielle et cynique. La guerre, pense-t-on, pourra sauver le peu qui demeure; elle retrempera les âmes, elle guérira beaucoup de cécités. En tout cas, elle sera le jugement de Dieu : et quand même beaucoup d'iniquités lui devraient un passager triomphe, qui deviendra vite un châtiment, du moins beaucoup de lâches abandons seront punis et beaucoup de fourbes recevront leur salaire! La nature humaine garde ce sentiment profond, elle désire que le châtiment suive la faute. Un instinct naturel, sublime lorsqu'il est éclairé, l'avertit que Dieu ne se trompe jamais en ses justices, que la responsabilité du mal n'est pas toute entière à ceux qui commettent le mal, mais doit atteindre les connivences de diverses sortes qui l'ont suggéré, aidé, toléré. A ce compte, quel peuple est innocent?

Cette vue dispense de s'arrêter aux causes anecdotiques du péril qui, probablement invincible, enveloppe le monde. Certaines individualités fort agissantes ne sont pas si coupables qu'elles croient l'être et n'ont pas l'importance que leur vanité s'attribue. Contentons-nous d'esquisser un de ces visages, pour ne pas perdre la leçon que Dieu veut donner à l'orgueil humain.

Le prologue immédiat de la tragédie qui va ensanglanter la terre fournirait un canevas de comédie, mais de comédie de l'ancien régime, du temps des rois absolus gouvernés par des ministres ambitieux.

Il y a un homme de rien ou peu s'en faut, un ourdisseur vulgaire qui a voulu jouer un grand rôle. C'était M. de Cavour, c'est un autre. Point de génie et point de scrupule ; un homme tout à fait de son temps ! Il est devenu ministre, il a exalté l'ambition nationale, il s'est affilié à une conspiration puissante, rêvant d'être à son moment l'arbitre du monde. Voilà qui est fait. Et il décidera de la paix ou de la guerre, parce que tel est son bon plaisir, absolument comme sous l'ancien régime, quand les peuples n'avaient pas stipulé qu'on ne disposerait plus de leur bourse et de leur vie sans qu'ils eussent réglé la chose après discussion, à la majorité des voix. Ce personnage donc, ce personnage comique, incapable probablement d'argumenter contre le moindre philosophe de l'Université d'Iéna, forcera les philosophes de prendre le mousquet. Moyennant beaucoup de poudre brûlée et beaucoup d'hommes déchirés en plusieurs morceaux, il pourra parvenir à jeter le manteau impérial sur les épaules de son roi, il élargira son pays jusqu'à le noyer dans ses conquêtes. Peut-être qu'il ne se proposait pas tant et que sa grande affaire était de rester ministre. Peut-être même qu'il voudrait bien, lui aussi, reculer. Mais il faut avancer, et ce meneur est mené par d'autres, et ces autres aussi entendent la voix d'en bas qui leur dit : Marche ! Et à défaut de complices menaçants, l'orgueil est là, qui pousse aux dernières témérités le sot et impie orgueilleux, pâle d'épouvante. Marche et prononce, arbitre du monde! Car enfin ce seigneur est l'arbitre du monde; le sort du monde est dans ses mains que l'histoire ne connaîtra pas. Il a puissance pour une heure, le temps de mettre le feu à la mine. Ensuite sa Seigneurie deviendra ce qu'il plaira à Dieu, qui l'appellera au jugement par quelque porte obscure. L'homme reste vulgaire encore que le méfait soit immense. Il faut que la fière civilisation du dix-neuvième siècle dévore aussi cela, d'être précipitée par des gens de peu. Puisqu'elle se trouve en de telles mains, elle l'a certainement mérité, et c'est une grande raison pour qu'elle ne se tire que lentement et malaisément du mauvais pas où ces mains ont pu la pousser. Elle y a consenti, elle l'a voulu, elle a creusé la fosse, elle l'a faite large et profonde!

Hamlet réfléchit éloquemment sur l'orgueil et la folie qui contraignent les innocents laboureurs à s'entretuer pour conquérir une lande que leurs cadavres ne rendront pas plus fertile. C'est ce que la poésie dramatique peut dire au parterre; ce n'est pas tout ce qui est à dire. Des villes ravagées, des milliers d'hommes mis à mort, des ruines qui enfanteront des ruines : est-ce que la Providence permet ces immolations pour qu'un Érostrate accroche dans l'histoire sa physionomie, médiocre encore au milieu de la flamme et du sang?

Non. Mais le monde a besoin d'apprendre quelque chose qu'il veut trop oublier. Il faut qu'il sache bien et qu'il avoue que les sociétés ne laisseront pas impunément courir certaines idées, n'élèveront pas impunément certains hommes. Pour la suite des destinées humaines, il n'est pas inopportun que l'année qui avait été tranquillement marquée et tranquillement acceptée pour voir accomplir la déchéance de la royauté temporelle du Christ, voie encore d'autres incidents, d'autres dépossessions; dépossessions de la paix, dépossessions de la fortune, dépossessions de la vie.

Laissons donc le Prussien qui fait présentement si grande

figure, et devançons de quelques heures l'oubli qui l'attend; laissons les autres, qui ne sont comme lui et comme tous les fléaux humains, que des incarnations vengeresses des péchés de l'esprit; laissons les diplomaties qui appellent la paix et qui ne savent pas ou ne veulent pas savoir que la justice est la seule introductrice de la paix. Sans rechercher comment la situation s'est formée, prenons-la où elle est maintenant. En présence de la guerre quasi inévitable, et à vrai dire déjà commencée, cherchons s'il est quelque moyen d'en restreindre la durée, d'en prévenir les maux, même d'en tirer quelque bien.

En outre et à part du besoin général de l'humanité, deux intérêts doivent nous préoccuper, comme catholiques et comme Français : 1° L'intérêt de l'Autriche, notre alliée future. Si nous voulons un jour faire de grandes choses dans le monde, nous devons souhaiter que l'Autriche se tire d'affaire promptement et honorablement et nous doive quelque reconnaissance. 2° L'intérêt de la France. Il importe immensément à la France de ne point prendre parti dans cette guerre au profit de l'Italie et de la Prusse, qui ne combattent que pour le rapt, la révolution et la destruction. Il lui importe surtout de ne point se laisser séduire par la perspective d'un agrandissement qui lui serait funeste, même quand elle l'obtiendrait de plein gré et sans tirer l'épée, c'est-à-dire pour prix d'une neutralité qui serait en réalité la guerre, puisqu'enfin cette neutralité serait vendue. La France ne doit rien vendre, son amitié moins encore que son sang. L'honneur ne l'oblige pas d'acquérir des territoires; la prudence lui défend des agrandissements qui altéreraient l'incomparable force que lui crée son homogénéité.

II

Occupons-nous d'abord de l'Autriche.

Il faut le dire tout de suite, l'Autriche a un sacrifice à faire. Elle le sait sans doute; et, selon toute apparence, elle y serait promptement résignée, si elle voyait le moyen de le faire avec honneur. Ce sacrifice est l'abandon de la Vénétie.

Elle possède Venise légitimement, mais par cette légitimité artificielle que font la guerre et la force, et que la guerre et la force peuvent défaire quand les siècles ne l'ont pas cimentée.

Pour rester à Venise, qu'elle a d'ailleurs empêchée de tomber dans les lagunes, il fallait, d'un côté, que l'Autriche fût tranquille et assurée chez elle par l'amitié de la Russie et de la Prusse, et par sa prépondérance en Allemagne; il fallait, de l'autre, qu'elle eût encore la prépondérance dans l'Italie morcelée et sans alliance. Aujourd'hui ces conditions sont changées. Ayant contre elle, en Allemagne, la Prusse, en Italie, la Révolution armée et formée en faisceau avec l'appui de la France et de l'Angleterre; embarrassée par surcroît de ses affaires intérieures, voyant la Russie au moins incertaine, sans paix, sans alliance et sans trésor, l'Autriche ne peut garder Venise, qu'elle n'a pu ni su s'attacher par de réels bienfaits. Elle la perd à la première défaite; plusieurs victoires ne la garderaient pas. Elle en est donc à peser en elle-même les conditions de l'abandon.

On lui a offert, dit-on, des compensations en argent.

C'était vouloir ne pas être écouté. Encore que les temps soient malheureux et que de terribles rapetissements se laissent voir partout, il n'est pas devenu possible de nouer les mêmes négociations avec la maison de Lorraine et n'importe quelle maison de banque.

On lui montre le fer. Autre raison plus forte pour qu'elle n'écoute pas. L'Autriche est une vieille et noble nation, et François-Joseph est un roi. Prince et peuple savent que s'il y a une manière irremédiable de mourir, c'est de sacrifier l'honneur. Mais, au contraire, souvent l'honneur sauve ceux qui veulent bien se sacrifier pour lui; et l'honneur gardé peut ressuciter les morts. L'Autriche menacée doit préférer d'expirer en Vénétie.

Elle a, dit-on, demandé une compensation territoriale et prêté l'oreille à des conseils excentriques qui lui ont montré la Silésie reprise à la Prusse comme un excellent équivalent de Venise rendue aux Italiens. Alors ce serait l'Autriche elle-même qui semblerait ne vouloir pas être écoutée. Il faudrait le consentement de la Prusse. Or, la Prusse est armée et s'est alliée pour prendre et non pour rendre, et n'a certainement voué aucun amour platonique à l'Italie. La Prusse est ce qu'elle a toujours été, puissance de rapine par tous les moyens, au moyen des alliances, au moyen des défections, travaillant sans cesse à s'agrandir, n'ayant pas d'autre scrupule ni d'autre but. Elle veut prendre les duchés danois, prendre la Saxe, prendre le Hanovre, prendre encore, et ne pas rendre la Silésie.

Du reste, quand même la Prusse consentirait à cette cession de la Silésie pour le plaisir des Vénitiens et des Italiens, dont on peut croire qu'elle se soucie médiocrement, et pour s'assurer la tranquille possession des duchés de l'Elbe, où elle compte bien s'établir à meilleur marché, l'Autriche n'en recevrait qu'un avantage fragile et peut-être onéreux. La Silésie est prussienne depuis plus d'un siècle, elle l'est devenue sans difficulté. L'Autriche n'est pas en état de s'imposer un nouveau travail d'assimilation ; elle n'a pas un intérêt supérieur à s'adjoindre un peuple peu sûr aujourd'hui, malgré l'attachement qu'il montra jadis pour la couronne impériale. Nous ne sommes plus au temps où les peuples savaient demeurer cent ans fidèles ; et la politique prussienne, politique révolutionnaire, aurait plus de scrupules qu'on ne lui en connaît si elle renonçait à trouver des complices pour une réannexion future parmi ces fidélités difficilement rajeunies.

L'Autriche peut agir avec une politique plus sage et plus forte parce qu'elle serait plus généreuse.

En quittant la Vénétie, il serait digne de sa grandeur de ne rien stipuler pour elle-même, de stipuler tout pour les tiers, pour le droit lésé, pour la paix du monde. La France victorieuse a malheureusement souffert que l'Italie pût déchirer le traité de Zurich. Il serait grand à l'Autriche vaincue d'en réclamer l'exécution, même à ses dépens, c'est-à-dire au prix de l'abandon de la Vénétie. Ainsi, en créant Venise indépendante, elle restaurerait l'État romain, Parme, Modène et Florence, et enfin Naples ; elle accomplirait noblement tous ses devoirs de couronne catholique ; elle illustrerait sa défaite de 1859 par un de ces coups de majesté, un de ces services publics dont l'éclat s'impose à la reconnaissance du genre humain.

Le rétablissement du Saint-Père dans les territoires dont il a été si injustement dépouillé, et la restauration des princes de la maison d'Autriche ne sont pas des propositions que la France puisse rejeter ; c'est l'exécution pure et simple du traité de Zurich. La France, qui l'a proposé, dicté et signé, ne l'a pas fait respecter par le Piémont ; mais elle n'a pas non plus retiré sa parole et biffé sa signature. Le traité est donc en pleine vigueur, et l'Autriche, tant qu'il lui reste dans la main un tronçon d'épée, ne peut se dispenser d'en maintenir les clauses pour ses alliés et ses protégés.

La restauration de Naples est un besoin de l'Italie et de la France. La nationalité napolitaine ne veut pas mourir, ne veut pas s'absorber dans la conquête piémontaise; et la France est trop intéressée à ne pas laisser Palerme dans ces mains faibles et besogneuses de l'Italie unitaire et révolutionnaire, où l'Angleterre pourra toujours en prendre la clé. C'est assez, sans doute, que l'Angleterre possède Malte et Gibraltar; elle n'a pas besoin d'avoir encore Palerme à sa disposition. Ici plus de latitude est donnée aux arrangements diplomatiques. En revendiquant pour le peuple des Deux-Siciles une autonomie que la conquête piémontaise, ou plutôt une série d'indignes trahisons, a pu suspendre, mais n'a pu étouffer, l'Autriche n'est pas tenue de faire une condition absolue du régime à instituer et du souverain à choisir. Sans doute, une restauration entière vaudrait mieux que toute autre combinaison. Il y aurait une haute moralité, partant un haut intérêt des puissances et des peuples à annuler tout ce que la révolution a fait, à relever tout ce que la trahison a abattu. Il serait bon, il serait urgent de montrer qu'il existe encore des gardiens du droit, et que la félonie et la violence, cyniquement unies dans ce honteux épisode de l'histoire contemporaine, n'ont pu prévaloir qu'un jour. Les puissances régulières, toutes également menacées par le *garibaldinisme*, devraient avoir à cœur de lui donner cette leçon. Néanmoins, le roi François II n'était pas l'allié de l'Autriche, et par conséquent l'Autriche, dans les circonstances extrêmes où elle se trouve, n'a pas à faire une question de son rétablissement. Pourvu que les Deux-Siciles reprennent une existence indépendante, elle peut laisser la diplomatie disposer de cette couronne et en charger n'importe quel front.

Les restaurations dont on parle seraient le salut de l'Italie. Elles rendraient la confédération possible, ou, pour mieux dire, elles la réaliseraient immédiatement. C'est par la confédération uniquement que l'Italie peut être préservée des envahissements de l'Allemagne ; préservée de les subir, préservée de les provoquer. Ni traités, ni alliances, rien au monde, tant qu'il y aura une Allemagne, ne fera jamais que l'Allemagne ne nourrisse le rêve de l'empire italien; rien au monde ne fera que l'Italie unitaire n'appelle d'Allemagne son *César* qui doit lui soumettre le monde.

Cesare mio, perchè non m'accompagne !

C'était le cri du Dante, patron des unitaires du Moyen-Age: c'est déjà l'attente des unitaires d'aujourd'hui; ce sera leur vœu ardent lorsqu'ils auront travaillé quelque temps encore à réaliser cette unité brutale, dont la destinée est de se noyer dans le sang dès qu'elle n'est plus maintenue dans le fer. L'Italie, à bout de voies, appellera donc César, comme le Dante appelait Albert-l'Allemand, avec des imprécations contre lui, parce qu'il tardait à venir. Et si c'est alors la Prusse qui est César, on peut penser qu'elle ne se laissera point désirer longtemps !

A ce vieux mal de l'Italie, nul remède que la souveraineté temporelle du Pape, entourée d'autres souverainetés confédérées. Une politique prévoyante multiplierait les autonomies italiennes. A l'indépendance de Venise, elle ajouterait l'indépendance de Gênes, et, pour que l'édifice fût durable, elle voudrait encore que la France et l'Allemagne y eussent leur place et leur suffrage.

L'Italie s'est tellement habituée à déclamer contre la présence de l'Autriche sur le « sol sacré, » qu'il convient, pour le moment, de laisser le torrent couler. *Fuori i Barbari!* Ce sentiment patriotique est si puissant qu'il s'échauffe aussi contre les barbares français, parce qu'ils pensent n'avoir pas été inutiles pour chasser les barbares autrichiens. Tout patriote italien dira qu'il faut que Garibaldi soit mille fois patient et mille fois prudent pour n'avoir pas encore chassé les Français de Nice. Mais cette éloquence tombera, laissant moins de traces que le sang qu'elle a fait répandre. Quoi que puissent dire les *italianissimes*, le « barbare » est nécessaire à l'Italie. Il lui en faut, au moins par inoculation. Faute de ce vaccin, la maladie du barbare prend l'Italie et l'emporte. Écoutons un moment le Dante, dépeignant l'Italie veuve du Pape et de l'Empereur, et gourmandant César qui ne vient pas assez vite. La peinture est encore vraie aujourd'hui, la situation sera identique demain. D'ailleurs, cette poésie est belle, et ils n'en font plus de pareille couleur.

« Ah! serve Italie, hôtellerie de douleurs, navire sans pilote au milieu de l'affreuse tempête, autrefois reine du monde, aujourd'hui basse prostituée, quels parmi tes enfants ne se font pas la guerre?

« Ceux-là même se dévorent entre eux qu'abritent les mêmes murailles. Cherche au loin sur tes rivages, regarde en toi même, misérable, et vois s'il est encore un lieu où tu jouisses de la paix?...

« Ah! cavale qui devrais être obéissante et laisser asseoir César sur ta selle, si tu entendais bien les avertissements que Dieu t'a donnés !

« Et toi, Albert l'Allemand, regarde comme elle est devenue fière et rétive, pour n'avoir pas été corrigée de l'éperon quand tu tenais la bride en main !

« Parce que tu l'as abandonnée, elle est devenue indomptée et sauvage. Tu devais t'affermir sur les arçons !

« Que du ciel étoilé tombe sur ton sang une juste réprobation ; qu'elle soit éclatante, inouie ; que ton successeur en soit épouvanté !

« Toi et ton père, entraînés au loin par l'ambition, vous avez souffert que le jardin de l'Empire devint un désert !

« Viens à présent, homme sans cœur, et regarde : Montaigus, Capulets, Monaldi, Filipeschi ; ceux-là dans l'affliction, ceux-ci tremblants !

« Viens, cruel, et vois l'abaissement de tes nobles ; tâche de remédier à leurs misères ; vois comme on est en sécurité !

« Viens voir ta Rome qui se lamente, veuve et seule, et jour et nuit criant : « Mon César, pourquoi m'as-tu délaissée ? »

« Viens voir comme on s'aime parmi nous ! Et si nulle pitié ne t'émeut pour nous, prends honte du moins de ta renommée.

« Et toi, Dieu tout puissant qui sur terre fut pour nous crucifié, est-ce donc que tes justes yeux se sont retirés de nous ?

« Ou dans l'abîme de tes conseils est-ce une préparation à quelque but que nulle humaine sagesse ne peut deviner,

« Que les terres de l'Italie soient ainsi toutes pleines de tyrans, et que le dernier des drôles, dès qu'il est factieux, y passe pour galant homme ? »

On ne peut appeler un maître avec plus d'enthousiasme ni, disons-le, par des raisons meilleures et plus tirées du profond des choses. Ces bonnes raisons ne manqueront jamais à l'Italie, jamais prince ou peuple voisin ne manquera d'en être touché ; l'Allemand surtout, qui en a une vieille habitude ! L'unique remède est la confédération. Mais la confédération elle-même ne serait qu'un remède impuissant si elle n'était mélangée, inoculée d'un peu de barbarie. L'assurance donc de la confédération italienne est que l'Autriche en fasse partie; c'est à quoi la possession du Tyrol peut suffire, puisque l'Italie le déclare italien. Cette parcelle d'allemand préservera d'appeler et de voir accourir l'Allemagne tout entière. Et si l'on craint que cet élément, très-réduit, ne prenne encore la prépondérance, il est facile de le neutraliser en y ajoutant l'élément français. Par le pays de Nice et la Corse, la France a tout ce qu'il faut pour qu'un article de traité la fasse italienne.

La Papauté rétablie sur son territoire sacré, les princes de la famille impériale réintégrés dans leurs droits, la nationalité napolitaine affranchie et la paix redevenue possible en Italie et dans le monde, ce sont là les compensations que le chevaleresque empereur d'Autriche peut accepter pour Venise soustraite à son sceptre et en même temps ressuscitée. Alors il n'aura pas besoin de la Silésie pour tenir son rang en Allemagne. Il gardera sous ses drapeaux un surcroit d'honneur qui lui permettra de regarder en face les confédérés félons dont il aura déjoué les trames, et l'invincible justice viendra un jour lui donner plus qu'il n'a perdu.

III

Cette même grande et généreuse sagesse, qui conseille à l'Autriche de se dépouiller de la Vénétie et de ne point accepter de compensations territoriales en Allemagne, conseille à la France de ne rien acquérir en Europe et de revenir strictement au programme premier de l'Empire : L'Empire c'est la paix.

M. Guizot disait : « La paix partout, la paix toujours ! » Cette parole si décriée, a paru néanmoins assez bonne pour être répétée en 1852 avec un applaudissement unanime de la France et du monde, Ce n'est pas s'aventurer de dire qu'elle recevrait même accueil aujourd'hui. C'est qu'en effet rien n'est meilleur que la paix, étant gardées les conditions honorables de la paix. Or, qui doute aujourd'hui sur la terre que la France ne soit et ne puisse être et rester long-temps dans la plénitude de ces conditions-là, du moins en Europe ? Elle est tout entière un soldat, je ne veux pas dire le plus vaillant, mais assurément le mieux constitué des soldats : elle est munie, elle est armée, elle connait le métier de la guerre, elle ne le hait pas, elle se porte bien, et personne ne l'ignore. Qui la menace ? Qui néglige, excepté cette folle et insolente Italie, d'exécuter les traités que la France a consentis ou qu'elle a dictés ? qui parle de rétablir ceux qu'elle a jugé bon de dissoudre ?

Il lui plaît de dire qu'elle hait les traités de 1815. En quoi l'ont-ils gênée depuis dix-huit ans, en quoi la gênent-ils surtout aujourd'hui ? On regarde : on la trouve entière dans sa masse énergique et hardie ; vigoureuse, agile, trapue, le plus redoutable des athlètes. On regarde : il y a un Bonaparte sur le trône. On voit ses drapeaux en même temps quasi partout : en Crimée, en Italie, en Chine, en Cochinchine, en Syrie, au Mexique, en Algérie toujours, et elle est toute prête pour d'autres expéditions. Elle intervient, elle empêche d'intervenir, elle chasse de l'Italie l'Autriche et y installe le Piémont, elle s'adjuge la Savoie et le comté de Nice : voilà les traités de 1815 en bel état ! S'il plaît à la France de les détester encore, du moins n'a-t-elle plus à s'en venger, et à coup sûr, elle n'y songe guère.

Dans tous les cas, ce n'est point de l'Autriche qu'il faudrait se venger. Elle est désormais bien en dehors des traités de 1815, et plus que punie de la part qu'elle y a pu prendre! S'il y avait une vengeance à tirer, si les nations devaient, pour le seul plaisir, céder à ce sentiment grossier et sauvage qui éterniserait la guerre parmi les chrétiens comme parmi les Sioux, c'est surtout l'Angleterre qui a fait les traités de 1815, c'est surtout la Prusse qui en a profité. Là donc notre vengeance devrait porter ses coups. Il faudrait reparler de la guerre d'Espagne, de la coalition, de Waterloo, de Sainte-Hélène; il faudrait retourner à Berlin; il faudrait surtout entrer dans la Tamise, gratter le nom des rues et des places de Londres, démolir la Tour, en charger quelque vaisseau anglais qu'on appellerait le *Bellerophon* ou l'*Hudson-Lowe* et la rebâtir pour servir d'ornement au bois de Boulogne. Ce serait une vengeance digne de la belle antiquité, et qui ne nous laisserait plus rien à désirer, peut-être, que de rapporter aussi à Paris le Kremlin! Mais quoi? l'Angleterre est certainement notre amie intime, la Prusse sera demain notre alliée, et nous n'avons rien en ce moment contre la Russie. Puisque nous remettons à ces trois puissances l'offense de 1815 et puisque nous tolérons que l'une d'elles au moins en conserve les principaux bénéfices, pourquoi ne ferions-nous pas de même à l'égard des autres, notamment de celle qui nous a moins nui, qui rêve moins de nous nuire, et que la conformité de religion désigne entre toutes pour être un jour notre plus sûre alliée?

Ne cessons de le répéter, parce que c'est la vérité la plus claire, la plus consolante, la plus propre à nous affermir dans le sentiment de la force, de la grandeur et de la mission de la France. Il n'y a plus de traités de 1815, ils sont ruinés, détruits, plus que vengés. Dictés par une politique jalouse et infatuée de sa misérable sagesse, ils ont peut-être plus secondé qu'entravé l'heureux génie de la France; ils se sont dissous plutôt qu'ils n'ont été rompus. La France les

respectait encore que déjà le mouvement de la civilisation les
avait anéantis. En ce temps-là il y avait des douanes, il y
avait des frontières, il y avait surtout entre les nations des
intérêts séparés. C'était quelque chose alors qu'un fleuve à
franchir et qu'une forteresse à prendre. Qu'est-ce aujourd'hui
que ces obstacles naturels ou artificiels? Quel lieutenant
d'artillerie serait embarrassé de Landau ou d'un passage
du Rhin? L'Académie des Sciences aussi avait déchiré les
traités de 1815. Mais quand la vapeur s'apprêtait à les faire
voler en poussière, le commerce et les mille relations de la
paix avaient déjà troué les frontières que les diplomates de
1815 s'étaient targués de garder si solidement. En somme,
toute terre qui touche aux terres de France lui appartient
et elle y peut faire tout ce qu'elle veut, sauf d'y établir le
monopole des tabacs, et s'il lui venait fantaisie d'y bâtir ou
d'y raser des forteresses, à coup sûr ce ne seraient pas les
traités de 1815 qui l'empêcheraient.

Mais qu'y gagnerait-elle?

Assurément tout Français regarde la Savoie comme une
acquisition précieuse. C'est un noble et bon pays, « un pays
de gens braves et de braves gens, » disait un grand homme qui
en était. Elle nous donnera des soldats et des prêtres. Si elle
pouvait nous donner encore un François de Sales, un Joseph
de Maistre, et même un Vaugelas, ils ne seraient de trop
nulle part; et de tels noms, tous absolument français, disent
assez quels liens profonds nous unissaient déjà la Savoie.
Mais enfin, quand même M. de Cavour ne nous aurait pas
négocié ce berceau de la nouvelle maison d'Italie (et la tombe,
par dessus le marché), quand même la Savoie serait encore
piémontaise ou italienne, qui empêcherait une division française de partir de Lyon le soir et de trouver le lendemain le
déjeuner servi à Chambéry, et le souper à Turin? Et la table,
sans doute, est aussi bien servie à Bruxelles ou à Cologne,
ou à Bâle, ou à Carlsruhe.

Mes enfants franchiront le Rhin comme un ruisseau.

Mais il y a un revers à la médaille. Nous connaissons le profit ; même en y ajoutant la satisfaction de s'agrandir, qui caresse toujours un peu l'orgueil de conquérir et qui finit aisément par donner le goût des conquêtes, le profit est mince. Il faut considérer aussi les pertes. Il y en aurait, et de nombreuses, et de graves ! Nous croyons volontiers en France que la qualité de Français est considérée en Europe comme un grade supérieur dans l'armée du genre humain, un grade auquel tout homme aspire ; il nous semble qu'on a généralement sur la terre civilisée l'ambition d'être citoyen de Paris. C'est un tour que nous joue la fausse traduction du fameux *Civis romanus sum*. Il est très-vrai, trop vrai, qu'on aimerait assez partout à être l'hôte de Paris ; citoyen, c'est autre chose. Il n'est pas jusqu'aux Prussiens qui ne soient en ce moment encore fiers et contents d'être Prussiens. Aucun peuple ne se meurt du désir de devenir Français. N'en exceptons point les Belges, tout dérangés, tourmentés et insultés qu'ils sont par leurs Solidaires. Sans doute, il y a bien en Belgique quelques personnages importants à qui leurs gros appointements (vingt mille francs) et leur grande importance de personnages peuvent inspirer le goût d'être sénateurs, généraux, conseillers d'État, préfets français. Il peut y avoir quelques honnêtes gens sans importance, — comme la plupart des honnêtes gens, — qu'exaspèrent enfin les insolences de cette sotte et vile démocratie belge, qui insulte les sœurs de charité, coupe les bourses de bienfaisance et profane les cimetières ; et il se peut que ces honnêtes gens soient amenés, malgré eux, à prévoir sans horreur une catastrophe nationale dont le résultat donnerait au moins la paix aux morts et aux vivants. Il y a surtout, dans la basse cohue révolutionnaire, quantité de sous-agitateurs qui s'accommoderaient fort de passer dans la police française : et c'est tout ce qu'il faut, la circonstance étant donnée, pour faire sanctionner l'annexion par le suffrage universel, sans autre *veto* que l'abstention. Mais que le peuple belge désire être Français, cela n'est pas. Il était Français en 1815 et il a prouvé, avec trop de bravoure, qu'autre chose avait été la cocarde et autre chose le cœur. Ce peuple, qu'on peut réputer Français par la langue, par les mœurs, par la multitude des relations est, avant tout, lui-même, et ne veut pas cesser d'être lui-même. La nationalité, qui a su en 1830 déchirer les traités de 1815 et chasser les Hollandais, malgré la tenacité de Guillaume Tête-de-Fer, l'emporte sur le dégoût des discordes civiles, sur la honte de voir la fange solidaire monter et salir impunément les autels, sur les intérêts du trafic, sur les séductions de l'ambition, sur la crainte d'être traité en peuple conquis. Chose étrange, de donner le principe des nationalités pour base à une politique d'annexion !

Le pays rhénan, allemand par la langue, par les mœurs, par l'histoire, par le sang, par les entrailles, on nous dit aussi qu'il est français ! Dieu fasse que nous n'écoutions jamais cette parole funeste, quand même les peuples rhénans nous la crieraient d'une seule voix. Refusons un pareil présent, si les calculs de la politique viennent nous l'offrir; refusons-le de la fortune de nos armes, si elle le jetait dans nos mains. En mettant le pied sur ce lambeau de la terre sacrée, non plus comme un ennemi qui passe, mais comme un maître qui veut bâtir, nous créerions immédiatement contre nous cette unité allemande que ne peuvent produire les efforts des deux puissances prépondérantes. A défaut d'un homme d'État pour soulever la croisade, il ne faudrait qu'un buveur de bière et une chanson. Et lorsqu'une fois l'Allemagne serait toute entière dans cette sainte fureur, les alliés ne lui manqueraient pas, et nous aurions à compter même sur l'Italie.

Il ne faut pas objecter que l'annexion n'est point la conquête; que les peuples qui se donnent, n'étant point maltraités, n'ont aucune raison de retirer leur parole. Encore que les peuples annexés ne soient point conquis, il faut les assimiler, changer la législation, changer les habitudes, toutes choses qui ne vont point sans beaucoup de froissements, et les froissements font naître des difficultés qui augmentent les froissements. Un grand peuple s'est fait aux grandes aventures : un petit peuple qui « se donne » à un grand peuple, se trouve entraîné plus loin qu'il n'a rêvé d'aller. Tous les paysans n'ont pas également le goût des longs voyages. Qu'on se figure une honnête famille de cultivateurs belges ou de cultivateurs rhénans dont les enfants sont requis d'asseoir le trône de Maximilien Ier ! Il est douteux que le plaisir d'avoir un voisin riche sur les bancs du Sénat compense cette amertume. Bien d'autres souffrances, prises comme des avanies, se pressent et s'accumulent pour effacer le souvenir du vote donné en faveur de l'annexion, quand il a été donné. En réalité, les peuples ne se donnent pas. Quelqu'un les donne, un prince ou un parti; et, sans être fort attachés au maître qu'ils perdent ou qui les laisse, ils examinent d'un œil peu affectueux le nouveau maître, qui prend aussi les conscrits et l'impôt. Le nouveau maître n'a pas beaucoup à faire pour embellir l'ancien. Et, enfin, mettant les choses au mieux, ce sont toujours de très-mauvaises frontières que les frontières neuves, d'autant que les temps où on les forme sont toujours des temps périlleux.

Dans l'ordre civil et moral, un trait suffit pour mettre en saillie le principe de dénationalisation que contient la politique d'annexion. Cette frontière du Rhin, cette terre quasi-protestante, elle a le divorce. La France ôterait-elle aux annexés protestants et libres penseurs le soulagement du divorce, ou prendrait-elle ce venin ?

La nation qui s'ajoute trop de nouveaux territoires se dénationalise elle-même. En même temps qu'elle s'enveloppe de remparts peu sûrs, elle se refroidit au cœur. Il n'y a plus d'histoire commune, de vieux sang répandu dans les mêmes entreprises, d'anciennes gloires et d'anciens malheurs partagés; il y a souvent le contraire. On célébrait encore il y a quelques années, dans un pays devenu français, une fête nationale, commémorative de quelque bataille gagnée contre les Français. La vieille patrie est comme noyée dans ces agrandissements; elle porte des noms qu'elle ne connaît pas, qu'elle ne sait pas prononcer; les coudes ne se touchent plus sous le drapeau qui ne fait plus également battre les cœurs. Ces agglomérations fournissent de grandes armées, très-ardentes, très-redoutables dans le succès, mais faciles à se démoraliser et qui se contentent d'être battues une fois.

Lorsqu'un fils lui naquit de son mariage avec Marie-Louise, archiduchesse d'Autriche, Napoléon Ier régnait personnellement et pacifiquement, comme empereur des Français et roi d'Italie, sur quarante-deux millions d'hommes, occupant un territoire d'un seul tenant, le plus beau et le plus fertile de l'Europe. L'empire s'étendait du nord-est au sud-ouest, depuis Travemunde, sur l'océan Baltique, jusqu'au pied des Pyrénées, et du nord au sud, depuis Dunkerque jusqu'à Terracine, sur les confins du territoire napolitain. Ce n'était qu'une partie de sa dimension réelle. Napoléon avait la Lombardie, les provinces Illyriennes, l'Istrie, la Dalmatie et l'Albanie; il avait Naples par Murat, la Suisse à titre de médiateur de la République helvétique; l'Espagne et le Portugal devaient être prochainement ajoutés; il tirait des contingents de l'Allemagne, plus vassale qu'alliée; il disposait des États scandinaves et laissait la Russie guerroyer pour s'agrandir sur les confins du Turc. Il donna à son fils au berceau le titre de Roi de Rome, annulant ainsi l'article de la Constitution italienne qui garantissait la succession du royaume d'Italie à un autre que le

possesseur de la couronne impériale, et l'Église et le monde
se turent. Mais toutes les nations, tant subjuguées qu'alliées
et encore indépendantes, regardèrent avec épouvante la carte
d'Europe, mesurant la place que tiendrait sur la terre l'hé-
ritier de Napoléon. D'autres temps arrivèrent et se précipi-
tèrent. Une armée française de huit à neuf cent mille hommes
envahit la Russie. Dans cette armée, les contingents Italiens,
Polonais, Bavarois, Saxons, Westphaliens, Wurtembergeois,
Badois, Rhénans, Prussiens, Autrichiens, Napolitains, figu-
raient pour un tiers. Les princes accompagnaient leurs
troupes, soumis et dociles ; et ce fut au début de cette cam-
pagne, à Dresde, que les comédiens français eurent à divertir
un parterre de rois. L'heure des désastres sonna. Les auxiliaires autrichiens se bornèrent à manœuvrer et ne se bat-
tirent plus ; les auxiliaires prussiens, commandés par un
membre du *Tungenbund,* association patriotique, cessèrent
d'obéir et traitèrent les premiers avec l'ennemi, se glorifiant
de leur défection, louée de l'armée et du peuple ; et la grande
armée périt. On sait la suite, les derniers coups portés par
deux peuples que Napoléon avait favorisés : les Bavarois
firent défection et voulurent nous couper la retraite ; les
Saxons nous fusillèrent sur le champ de bataille, malgré les
ordres de leur roi. Les seuls Polonais demeurèrent fidèles ;
ils n'avaient point de patrie à défendre contre nous, et,
quoique la France eut mal répondu à leur attente, c'était
encore pour la Pologne qu'ils combattaient sous le drapeau
français. Enfin, à l'heure suprême de Waterloo, il n'y eut
point de combattants plus acharnés contre nous que les
Belges, commandés par le prince d'Orange. Voilà le fruit
des agrandissements par conquête ou par annexion !

Ces souvenirs sont trop douloureux pour n'être pas abré-
gés ; ils sont trop frappants et trop récents pour avoir besoin de commentaire. Ils nous crient de prendre grand soin
de n'inquiéter aucune nationalité, de nous déclarer au con-

traire protecteurs et tuteurs des véritables nationalités. Le premier et le dernier mot de la politique extérieure de la France doit être de ne pas prendre, de ne pas accepter un pouce de terrain en Europe. C'est à cette condition que les peuples lui garderont une affection plus sûre et plus désirable aujourd'hui que celle des souverains. Avec les ressources présentes de l'art et de l'état militaires, avec le mélange des intérêts européens, la France n'a pas besoin de frontières plus fortes et de soldats plus nombreux; il ne lui faut que des alliés. Ses frontières inexpugnables sont les cœurs des citoyens remplis de l'amour de l'antique patrie. Ses alliés, le mélange de tous les intérêts les lui prépare, sa modération les lui donnera. Qu'elle soit juste, qu'elle défende le droit, que le monde reconnaisse en elle l'appui de l'ordre général ébranlé et la ressource de la liberté européenne mourante dans l'étreinte des dictatures militaires ou révolutionnaires, elle sera assez puissante. L'Europe peut prévoir de mauvais jours. Non-seulement les fleuves et les montagnes, mais les océans même ne sont plus des frontières. Des ennemis qu'on ne daignait pas compter il y a un siècle et qu'on n'eut pu rencontrer, les eût-on cherchés, sont devenus d'inquiétants voisins. La plus solide alliance politique qui existe à l'heure qu'il est sur la terre, la seule solide, est celle de l'Amérique et de la Russie. Elle menace l'Europe, et elle y trouvera au moins un complice, cette Prusse qu'il s'agit aujourd'hui d'agrandir. Or, la France est la tête désignée de la confédération européenne qui devra se former pour résister au choc redoutable. Il ne faut plus en Europe de peuples asservis et désespérés, bientôt il n'y faudra plus de peuples irrités. Hélas! c'est assez qu'il s'y trouve des sceptiques !

Ce qu'il y aurait à faire sera le sujet d'un autre discours. Ces pages ne sont dictées ni par un sentiment de découragement ni par un désir d'oisiveté. L'on ne croit aucunement que l'Europe, tout en s'appliquant à conserver ou à rétablir la paix, doive consacrer exclusivement son génie au progrès de l'industrie et de la richesse. Il y a de plus grandes et de plus nobles entreprises; les activités de l'esprit moderne réclament de plus dignes aliments. On essayera de le dire, malgré l'inconvénient de proposer des idées lorsque tant de diplomates délibèrent, et malgré l'appréhension encore plus sérieuse de n'être point entendu. Mais le temps presse d'achever ces pages. Nous les terminons par une considération qui devrait suffire pour étouffer en Europe l'esprit de guerre et l'esprit de conquête.

L'esprit de guerre, l'esprit de conquête, l'esprit de despotisme, l'esprit de servitude sont une même chose avec l'esprit de révolution, et l'esprit de révolution est la destruction et la négation de la liberté. Il y a vingt ans, Donoso Cortès, l'un des rares hommes de génie qu'ait vu notre époque, — et elle ne l'a guère vu ! — annonçait que l'œuvre immense de cet esprit anti-chrétien et anti-humain tournerait toute au profit de la Russie. Il disait que la Révolution, après avoir dissous les sociétés, dissoudrait les armées permanentes ou régulières, pour confier la force publique à des bandes de conjurés; c'est ce que nous voyons en Italie. Il ajoutait que le socialisme, dépouillant les propriétaires, éteindrait le patriotisme, parce qu'un propriétaire dépouillé n'est pas, ne peut pas être patriote; c'est ce que l'Italie nous montre encore et ce que nous savions déjà d'ailleurs. Il prévoyait que, sous l'influence et à l'abri de ces troubles survenus dans l'Europe, la Russie organiserait la confédération des nations slaves, fortes de quatre-vingts millions d'âmes : cette opération, qui est déjà en si bon chemin, ne serait pas médiocrement favorisée par la destruction de l'Autriche, but de la guerre actuelle,

et la Russie prend manifestement ses mesures. « Eh bien !
« concluait Donoso Cortes, lorsque la Révolution aura dé-
« truit en Europe les armées permanentes, lorsque les
« révolutions socialistes auront éteint le patriotisme en
« Europe, lorsque, à l'orient de l'Europe se sera accomplie
« la grande confédération des peuples slaves, lorsque dans
« l'occident il n'y aura plus que deux armées, celle des
« spoliés et celle des spoliateurs, alors l'heure de la Russie
« sonnera... »

Quoi qu'il en soit des conjectures de Donoso Cortès, et
quand même le conflit qui va s'engager ne profiterait pas
immédiatement à la Russie, la guerre, les remaniements
et les adjonctions de territoire favorisent cette puissance
par les diminutions qu'ils font subir à la liberté, par les
atteintes profondes qu'ils portent à l'esprit de liberté. Il
faut nécessairement multiplier et serrer les freins pour
maintenir l'ordre dans un grand empire, et le rouleau qui
doit unifier, assimiler si l'on veut, les parties nouvelles
et les parties anciennes, broie tout uniformément. La raison même des sujets est contrainte de s'accorder à la raison et à l'action impérieuse des gouvernements, et ainsi
l'esprit de liberté abdique dans la même proportion qu'il
est combattu. L'habitude même de la liberté se perd : une
fois ce désastre commencé, il n'a plus de limite. Qu'importe
alors à qui appartient l'empire et dans quelles mains se
trouve déposée cette universelle puissance, qui n'est plus
que l'universelle servitude !

FIN

LIBRAIRIE PALMÉ

LE

PARFUM DE ROME

CINQUIÈME ÉDITION

Entièrement refondue et considérablement augmentée,
2 vol. in-8°.

A l'occasion de cette nouvelle édition, augmentée de soixante chapitres nouveaux, le Saint-Père a daigné adresser à l'auteur le bref suivant :

A notre cher fils Louis Veuillot,

A PARIS.

PIE IX, PAPE.

Cher fils, salut et bénédiction apostolique.

Nous avons reçu avec beaucoup de plaisir votre *Parfum de Rome* que vous Nous avez offert, après l'avoir refondu par un

nouveau travail et considérablement augmenté. Au milieu
des travaux qui réclament Notre sollicitude, à peine avons-
Nous pu, en feuilletant ces deux volumes, jeter les yeux
tantôt sur une page, tantôt sur une autre s'offrant au hasard,
mais dans toutes Nous avons vu resplendir votre foi et votre
charité et Nous avons reconnu que, éclairé par elles, vous
avez saisi le caractère de Rome, de ses institutions, de ses
mœurs, et qu'après l'avoir ainsi révélée et montrée telle
qu'elle est, vous avez victorieusement repoussé les accusa-
tions vulgaires qu'on porte contre elle de côté et d'autre.
Prenant l'histoire pour guide, vous avez si bien rendu ma-
nifeste aux yeux des lecteurs l'action bienfaisante du pontificat romain, qu'ils sont obligés de reconnaître en lui, le
magistère et le soutien permanent et puissant de la justice et
de la vraie liberté, et, par conséquent, d'avoir en exécration
les abominables machinations par lesquelles on s'efforce
d'éteindre et de renverser ce phare de la vérité et de la
civilisation. Nous vous félicitons de l'empressement avec
lequel tant d'éditions successives de votre ouvrage ont été
demandées ; c'est un irrécusable témoignage du fruit qu'elles
ont produit et que Nous souhaitons encore plus abondant.
En demandant à Dieu que tout vous soit proprice, comme
gage de Notre affection et de Notre bienveillance particu-
lière, Nous vous donnons avec amour, à vous et aux vôtres,
la bénédiction apostolique.

Donné à Rome, près Saint-Pierre, le 3 mars 1866,

De notre pontificat l'an XX.

PIE IX, PAPE.

Paris. Imp. Balitout, Questroy et Cᵉ, 7, rue Baillif.